CONSIDÉRATIONS

Sur l'Établissement

DE LA

RÉPUBLIQUE EN FRANCE

Garanties de prospérité
Offertes par le nom des hommes en possession
du Gouvernement provisoire ;

LEURS CARACTÈRES.

RELATION

Des Faits passés dans les journées des **22, 23 et 24 Février.**
Ordonnances rendues par le Gouvernement provisoire.

PAR M. AMÉDÉE MARTEAU.

Prix : 75 centimes.

PARIS.
CHEZ MARTINON, LIBRAIRE,
RUE DU COQ-SAINT-HONORÉ, 4.

1848.

CONSIDÉRATIONS

Sur l'Établissement

DE LA

RÉPUBLIQUE EN FRANCE

Garanties de prospérité offertes par le nom des hommes en possession du Gouvernement provisoire ;

LEURS CARACTÈRES.

RELATION

Des Faits passés dans les journées des **22, 23 et 24 Février.**
Ordonnances rendues par le Gouvernement provisoire.

PAR M. AMÉDÉE MARTEAU.

PARIS.
CHEZ MARTINON, LIBRAIRE,
RUE DU COQ-SAINT-HONORÉ, 4.

1848.

Imp. de Madame Lacombe, rue d'Enghien, 12.

AU PEUPLE FRANÇAIS.

Citoyens !

L'égoïsme et l'aveuglement des rois a toujours été la cause principale de leur ruine ; l'histoire vous le démontre assez clairement, et l'exemple qui vient de frapper vos esprits en offre une preuve nouvelle. En France surtout, dans ce pays essentiellement libéral, où les idées sont larges et grandes, où le peuple n'a qu'à vouloir pour pouvoir, est-il possible d'admettre une puissance qui, établie pour protéger la liberté, cherche à réduire la majorité des citoyens à une servitude morale des plus dégradantes ! Non, le véritable esprit du peuple s'y oppose, et, encore une fois, il vient de le montrer!

Nous ne sommes plus au temps où les souverains, retranchés derrière une autorité qu'un peuple sans énergie n'osait leur contester, accablaient leurs sujets sous le poids d'une tyrannie révoltante, et sans que ceux-ci, voyant en eux la représentation de la divinité sur la terre, osassent lever la main pour se défendre contre leurs vexations. L'esprit marche avec les siècles, en dépit de ceux qui voudraient, à leur profit, lui imposer un mouvement rétrograde!

Les diverses phases de gouvernement qui ont passé sur la France depuis un demi-siècle, ne sont-elles pas la preuve irrécusable que l'heure de la liberté a sonné. Ce peuple, se débattant sous les mains qui le compriment, soit par la force ou par la perfidie, ne montre-t-il pas que le jour est arrivé où il doit respirer en paix? Qu'on jette un regard en arrière! Que verra-t-on? une nation opprimée par les nobles et les prêtres, qui brise ses fers, mais qui, emportée trop loin par l'élan de sa vengeance et le besoin de représailles, entasse dans sa fureur, légitime d'abord, inouïe par la suite, victime sur victime, confondant ses anciens ennemis avec ceux qui, étant ses seuls et véritables amis, sans pour cela flatter sa haineuse passion, opposent à son cruel entraînement une digue qui lui eût été si salutaire !

La liberté était reconquise, mais ceux qui l'avaient achetée au prix de leur sang ne la comprirent pas ! Ils avaient des siècles à venger ! ils frappèrent ! puis les nations étrangères les voyant s'affaiblir dans une lutte sanglante, se présentèrent à leur tour ! Il fallait un sauveur ! Un homme vint ! c'était un génie immense ; il comprit les besoins de la nation, la flatta pour mieux l'enchaîner, l'éblouit par l'éclat de sa gloire et de ses actions, puis un jour ce peuple qui s'était cru libre, se retrouva captif, il était au pouvoir de l'homme de génie qui l'avait sauvé au milieu de ses dissensions ; ce peuple s'attacha à son maître qui, en le flattant et le caressant, le mena, couvert du prestige de sa gloire, comme le serviteur le plus docile et le plus doux.

Nous avons signalé la révolution et l'empire, ces deux admirables pages de notre histoire. La révolution périt par sa faute, par les dissensions intestines qui la rongèrent, et firent tomber le pouvoir aux mains d'un chef habile, que l'amour de la gloire et le désir de voir son pays le plus grand et le plus puissant de l'univers, entraînèrent trop loin. Qui perdit l'empire à son tour? L'égoïsme? Non! Le grand homme par excellence, l'immense génie que nous admirons n'a jamais eu dans son cœur le germe de ce défaut ! L'aveuglement ? faut-il le dire ! Napoléon, qui avait si bien compris le caractère français, qui l'avait si bien habitué à plier à ses moindres volontés, Napoléon, a laissé sans l'explorer, un repli de ce caractère ! c'est ce qui l'a perdu ! Quel misérable cœur que le nôtre, puisque la gloire peut l'aveugler comme les passions les plus basses ! tant il est vrai, qu'arrivé au faîte des grandeurs, le vertige s'empare de nous, et seul, suffit pour nous précipiter dans l'abîme ! Une faute renversa Napoléon ! La France était usée ! Vingt-cinq ans de guerre avaient miné ses forces et détruit la plus belle partie de son peuple ! On aspirait à la paix ! on la réclamait comme un bienfait, et le grand homme dut plier et céder sa glorieuse place à celui qui apportait la paix !

Chose étrange ! celui qui apportait ainsi ce bienfait à la nation, était le frère de celui que cette même nation avait, vingt ans auparavant, égorgé aux cris de : *Vive la liberté*. Ainsi, elle reprenait elle-même les fers qu'elle avait brisés, et courbait la tête sous le joug odieux qu'elle avait si cruellement secoué.

La royauté déchue remonta sur le trône, mais non pas avec son ancien prestige ! Des conditions furent imposées au souverain que le peuple venait de rappeler, conditions écrites et jurées de part et d'autre, et consignées dans une charte qui ôtait au monarque la plus belle partie de ses anciennes prérogatives.

Dès-lors on doit comprendre que le but incessant des rois ait été de ressaisir cette partie du pouvoir qu'on venait de leur enlever, par tous les moyens qui se trouvèrent en leur pouvoir. De là, la *corruption*, cette odieuse plaie de tous les gouvernements. On comprend également que le peuple dut s'opposer de toutes ses forces à cet envahissement : de là, lutte continuelle entre le pouvoir et le peuple, lutte étrange où l'un, puissant déjà, combat pour envahir sur les immunités de l'autre, pendant que celui-ci ne s'occupe qu'à défendre ses droits.

Une représentation nationale avait été fondée, pour maintenir, au moyen de citoyens délégués par le peuple, les droits de la nation contre les empiétements de la couronne, et pour le contrôle de toutes les actions de celle-ci ! Ces représentants du pays, qui personnifiaient la France, eussent dû offrir la garantie suffisante. Il en eût été ainsi, sans doute, si tous les cœurs de ces députés eussent été inaccessibles à la plaie que nous avons signalée précédemment : la *corruption !*

La Couronne, ayant entre les mains de nombreux moyens d'action, attira à elle et mit dans ses intérêts la majorité des hommes destinés à contrôler ses œuvres, et qui, intéressés désormais à fermer les yeux sur les empiétements, n'opposèrent plus à sa marche aucune digue, et laissèrent ainsi les droits du peuple sans défenseurs !

Il est facile de comprendre qu'une fois arrivée sur cette pente, rendue encore plus glissante par la coupable complaisance des gens soudoyés, la royauté, aveuglée par de vains triomphes, ait hésité à s'arrêter ! De là, excès envers le peuple. On voulut mettre à celui-ci un frein nouveau, et, reculant de cinquante ans en arrière, le faire revenir au temps où, presque absolue, la royauté traitait les sujets comme des esclaves obéissants, et tenter de reconquérir une à une les prérogatives que la Charte avait enlevées. Secondé par les perfides conseils de ministres aveugles et coupables, un roi faible osa tenter de porter le dernier coup aux droits du peuple, et, en un instant, ce peuple fut là, l'arme au bras, pour défendre, au péril de sa vie, les libertés qu'il s'était réservées !

Le roi fut chassé, sa famille le suivit dans l'exil, et ses descendants furent déclarés ennemis et indignes de régner ! Le peuple était encore une fois maître de sa destinée. Il tenait entre ses mains le pouvoir; il lui était facile de le garder ; sans doute il n'en était pas encore temps ! Le pouvoir lui parut un fardeau trop lourd, et, dans sa confiance, il le remit aux mains d'un homme qui, dans toutes les circonstances, avait flatté ses besoins et s'était montré son ami le plus dévoué. La Charte fut rétablie et jurée de part et d'autre. On pouvait croire naturellement que l'heure de la paix et de la tranquillité était venue ! Un homme à qui sa position ne permettait pas d'espérer le trône, venait d'y être élevé par la main toute-puissante du peuple ; il était donc naturel de croire que, s'en souvenant, il témoignerait au peuple sa reconnaissance,en faisant tout pour assurer sa tranquillité et sa prospérité.

Il n'en a rien été cependant. A peine sur le trône, soit que cédant au vertige qui saisit toujours l'homme placé au sommet des grandeurs, soit que, méprisant la main qui l'avait élevé si haut, il crut pouvoir impunément se jouer de la sainteté du serment qu'il avait prononcé , il s'attacha à consolider sa puissance par tous les moyens qu'il crut efficaces !

Pendant une série de dix-huit années, sans tenir compte de la foi jurée, sans se préoccuper si sa conduite réalisait l'espoir que la nation avait conçu en le plaçant sur le trône, il s'attacha à asseoir fermement son pouvoir ! Qui de nous n'a pas été ému de ce spectacle ? Dois-je retracer un à un tous ces actes inouïs de violence et d'audace ! dois-je rappeler la patience avec laquelle ils furent supportés par ceux-là mêmes qui avaient le droit d'opposer une ferme et énergique résistance !

Suivant la marche que lui avait tracée son prédécesseur, Louis-Philippe engagea la lutte avec le peuple qui l'avait élevé. Usant pour cela des mêmes armes que le roi détrôné, il pratiqua un système de corruption qui devait, tôt ou tard, le mener à sa perte ! Les faits qui se sont passés depuis ce jour sont à la connaissance de tout le monde ; d'abord, on mit des entraves à la presse en faisant les lois de septembre, lois qui seront éternellement reprochées à celui qui en est l'auteur ! la loi des fortifications de Paris ! les affaires de l'Océanie, de la Suisse, de l'Italie ! fautes sanctionnées par une majorité trop complaisante et trop coupable, et qui doit aujourd'hui déplorer amèrement son aveugle confiance !

Depuis un certain temps surtout, l'abus avait pris une effrayante et terrible proportion ! Un système de corruption organisé sur une grande échelle, et admirablement servi par des ministres complaisants et maladroits, rendait nécessaire une réforme immédiate. Au dehors du parlement, des électeurs en petit nombre, faciles à corrompre par des dons et des promesses ; au dedans, une majorité corrompue, composée en grande partie de fonctionnaires publics attachés à des emplois dans la dépendance du ministère, et obligés par conséquent de le suivre partout où il lui plairait de s'avancer, sous peine de destitution ! un budget voté par ceux-là mêmes qui y avaient la plus large part ! Etait-ce là un gouvernement tel qu'il convenait à un peuple libre et qui, trois fois, avait secoué des chaînes trop pesantes pour son bras ? — Non !

Par le système adopté, on arrivait tout au plus à satisfaire l'ambition de quelques-uns et la soif des dignités qui dévorait la masse des complaisants. Le commerce, l'industrie, tombaient en ruines ; l'ouvrier avait faim. La nation était déconsidérée à l'étranger et ne maintenait la paix qu'à force de concessions honteuses, dont le résultat était d'avilir et d'abaisser la dignité du peuple ! Les affaires de la Pologne, qui, après avoir versé son sang pour nous, a été par nous lâchement abandonnée ; de l'Egypte que nous avons délaissée au mépris de la foi donnée, et cent autres actions aussi honteuses, sont autant de taches marquées dans l'histoire d'une manière ineffaçable.

Aussi, un jour vint où le peuple, fatigué, désillusionné, voulut secouer le joug pesant qu'on lui imposait. Il se tourna contre le roi. Celui-ci se crut le plus fort ; il voulut jouer avec le peuple, l'insensé ! mais il ne savait donc pas qu'un roi, entre les mains du peuple, est un hochet que celui-ci brise aussi avec autant de facilité qu'un enfant brise un jouet fragile !

Il a été tristement victime de cet aveuglement ; un jour a suffi pour reprendre ce trône qu'on lui avait conquis en un jour, et il s'en est allé laissant sa mémoire à jamais flétrie et déshonorée aux yeux des honnêtes gens ! Et sur les débris de ce trône tout couvert de la fange des rues, la République a été proclamée !

Le jour était venu !

Et pourtant, bien des gens se sont sentis émus à ce mot de *République*. Jetant un regard en arrière et revenant au temps de la Révolution, ils n'entrevoyaient ce mot qu'à travers un nuage de sang !

Rassurez-vous, citoyens, l'esprit et la civilisation ont marché ; *non, nous ne voulons plus* 93. — L'esprit du peuple est aujourd'hui grand et noble, il n'a que dix-huit ans de fautes à réparer, et alors on avait des siècles à venger !!!

Le sang ne coulera plus; un des premiers actes

du gouvernement provisoire a été d'abolir la peine de mort, et un grand citoyen a dit au peuple qui demandait le drapeau rouge :

« Citoyens, pour ma part, le drapeau rouge, je ne l'adopterai jamais; et je vais vous dire dans un seul mot pourquoi je m'y oppose de toute la force de mon patriotisme : C'est que le drapeau tricolore a fait le tour du monde avec la République et l'Empire, avec nos libertés et nos gloires, et que le drapeau rouge n'a fait que le tour du Champ-de-Mars, traîné dans les flots du sang du peuple. »

La modération régnera donc partout; dans tous les actes du gouvernement, l'équité sera substituée à l'arbitraire, et l'égalité remplacera cette criminelle distinction du riche aux dépens du pauvre et du nécessiteux! En dépit du mouvement rétrograde qu'on a tenté de lui imposer, le progrès de l'esprit a marché! On ne gouverne plus avec la terreur, on agit sur les masses par la persuasion! On ne veut plus de sang; on ne respire qu'après la paix et la fraternité!

Et d'ailleurs, le nom des hommes qui ont accepté la mission difficile de former un gouvernement nouveau, la plus sûre garantie de la paix et du bonheur publics! ces hommes, que nous avons toujours vus, défendant avec toute la force, avec tout le feu de leur génie, les droits et les besoins de la nation, ne reculeront devant rien pour assurer et affermir le bonheur du peuple français, en lui constituant un gouvernement ferme, en même temps que modéré, juste et clément, qui puisse répondre aux besoins de la situation.

Depuis deux jours seulement ils sont à l'œuvre; eh bien, examinez le résultat admirable de leur travail! Déjà un nombre infini d'ordonnances sages sont sorties de leurs mains; ils n'ont rien oublié, ni la sécurité du peuple, armé pour la défense de ses libertés, ni la reprise immédiate des transactions commerciales sans lesquelles le pays souffrirait des maux incontestables; ils ont songé à pourvoir la ville de subsistances, afin d'éviter le désordre que pourrait amener une population armée et affamée; ils ont, dans un langage simple et convenable, invité les citoyens à l'ordre, au calme et au repos; ils ont songé à créer une milice citoyenne pour répondre aux nécessités du moment; ils ont créé et révoqué des magistrats; ils ont dissous les chambres vendues et corrompues, les pairs et les députés; ils ont répondu à la face du pays de l'existence de l'ouvrier, et se sont engagés à lui fournir du travail; que n'ont-ils pas fait, en un mot?.. Tout ce qui touche de près ou de loin à la sécurité publique, à l'existence des citoyens, ils y ont songé; tout a été prévu.

Déjà les télégraphes leur ont apporté l'adhésion

de plusieurs villes de province, et nous ne doutons point que toutes ne suivent cet exemple. Quoi de plus beau, en effet, de plus grand et de plus admirable qu'un gouvernement qui laisse à tous les citoyens la faculté de vouloir, de penser, et d'exprimer cette volonté et cette pensée librement et hautement, ce qui leur était refusé par l'ancien état de choses! Que le peuple se pénètre bien de toute l'étendue de ce privilége, qu'il en mesure la profondeur, et qu'il se rende digne, par une conduite droite et sage, des immenses bienfaits qu'il doit apporter à notre pays.

Il le fera sans doute, sa belle conduite dans ces jours de crise a montré combien est grand son caractère! Les traits de courage, de dévouement, de probité qui se sont succédé pendant ces deux fameuses journées, en fournissent la preuve! La probité surtout, voilà la qualité qu'on a dû remarquer et admirer chez lui! Pénétrant dans des appartements splendides où des richesses étaient entassées, ces hommes du peuple, vêtus de blouses de mauvaise étoffe, ces hommes du peuple dont le pain était la seule nourriture, se contentèrent d'admirer, et pour qu'il ne prît à personne le désir d'emporter quoi que ce soit, ils affichèrent sur les murs et écrivirent sur des cartons qu'ils piquèrent à leurs baïonnettes : *Les voleurs seront fusillés immédiatement.* Tout ce qui était à la nation fut respecté ; ce qui appartenait au roi détrôné fut livré aux flammes, sans que personne songeât à en rien détourner !

Maintenant, jetons un regard en arrière sur les hommes que le peuple a choisis pour composer un gouvernement provisoire, et que, dans la suite, il rendra définitif, tant leur sagesse lui est connue ! Nous désirons surtout que l'on sache qu'il est loin de notre pensée d'adresser aux hommes des louanges dictées par la flatterie et la bassesse, et que chacun se persuade que nous parlons du citoyen privé et non de l'homme en possession du pouvoir !

D'abord, à la tête du gouvernement, nous rencontrons le nom de **M. Dupont de l'Eure,** cet honnête citoyen, cet ami du grand homme, de l'illustre Béranger, dont la longue carrière a été employée à la défense des libertés nationales, et qui, arrivé à un âge où chacun se retire et prend un repos devenu nécessaire, consacre ses dernières heures au bonheur de la patrie, et lui donne la plus belle marque d'attachement et d'amour qu'un citoyen puisse donner à son pays ! Ministre et député, il a toujours soutenu la cause libérale, les prérogatives et les droits de la nation, et la nation l'en remercie aujourd'hui en mettant en lui sa confiance, et en déposant entre ses mains une partie de ses destinées !

M. Lamartine, cet homme d'honneur par excellence, et que tous les citoyens proclament le type de l'homme de bien. Toute sa vie, M. Lamartine a soutenu, par son éloquence et ses actes, les principes qui triomphent aujourd'hui et dont il est l'écho. Qui ne connaît les magnifiques productions de cet esprit élevé, les sublimes et poétiques inspirations de cette âme si noble? Et dites-moi, citoyens, une âme et un cœur qui parlent et qui pensent ainsi peuvent-ils jamais forfaire à l'honneur?

Entouré de l'estime et de l'admiration publique, M. Lamartine continuera comme il a commencé, et c'est le gage le plus certain du triomphe de la République.

M. Ledru - Rollin, cette imagination vive, bouillante, cet esprit franc et brusque, qui dit la vérité comme il la pense, dont les traits mordants ont plus d'une fois fait pâlir ses adversaires; mais ce cœur pur et droit, qui n'a jamais dévié de la route que doit parcourir tout homme d'honneur, cette persévérance avec laquelle il a constamment défendu, en tous temps, les droits et la liberté des citoyens, tout cela ne fait-il pas naître une confiance bien légitime dans les cœurs de ceux qui ont reposé sur lui leur choix?

Quel homme serait assez traître à lui-même

pour ternir, à son moment le plus beau, une carrière brillante, et qui appartient désormais à l'histoire ?

M. Garnier-Pagès, cet écho d'un grand nom, ce frère d'un grand citoyen ravi trop tôt à la patrie, et sur les traces duquel il s'efforce de marcher! La trace est belle à suivre, et, jusqu'ici, M. Garnier-Pagès n'a pas dévié, n'a pas fléchi d'un pas. Caractère loyal et ferme, volonté forte et énergique, il s'est placé à la tête de la ville insurgée, et c'est à lui de la calmer. On l'écoute; il parle avec bonté, mais avec fermeté. Le peuple de Paris lui a remis l'autorité entre les mains : il en était digne, et il en restera toujours digne; il a deux gloires et deux noms à sauvegarder, ceux de son frère et les siens!!

M. Arago, ce représentant d'une famille illustre dans la science, d'une famille libérale et amie du peuple, son nom est familier à tous ; il est connu de tous comme ses véritables sentiments, tant on est habitué à rendre hommage au talent transcendant et au véritable patriotisme. Comme M. Garnier-Pagès, M. Arago a à sauvegarder l'honneur de sa famille et le sien propre; il ne faillira pas à ce devoir; ses précédents, son caractère, son cœur et son amour de la patrie le garantissent.

M. Crémieux, cet orateur éloquent, ce défenseur de tous les principes libéraux et de toutes les causes justes, cet ami de l'humanité, célèbre au barreau par son talent, dans le monde, par sa probité et la droiture de ses sentiments, à la Chambre, par l'énergique conviction avec laquelle il proclamait et défendait son opinion, qui est aujourd'hui celle du pays triomphant! M. Crémieux s'est tracé une ligne de conduite qu'il a, jusqu'ici, fidèlement suivie, et que, dans l'avenir, il suivra pour son honneur et pour assurer le repos et le bonheur de sa patrie, qu'il aime et qu'il a toujours aimée.

MM. Bethmont et **Marie,** tous deux avocats, égaux en talent, hommes de bien et que le monde estime; ils ont constamment montré leur opinion libérale, et aujourd'hui encore, dans la circonstance difficile où nous nous trouvons, leur honnête concours est sûrement acquis aux hommes chargés de veiller à la sécurité et au repos de l'État; ils ne failliront pas à cette tâche!

M. Carnot, cet héritier d'un nom resté pur au milieu des entraînements et des débordements d'une époque terrible où la passion n'était comprimée par rien! M. Carnot, resté en tout fidèle à la voie que lui a ouverte son père, et marchant sans dévier sur sa glorieuse trace, comment est-il possible que l'héritier d'un nom sans tache aille jouer son honneur et celui de l'homme qui lui a transmis une partie de son lustre, et les compromettre pour la satisfaction d'une vaine passion? Cela ne peut pas être.

M. Goudchaux, le banquier probe et connu de tous pour la droiture de ses sentiments et pour la sincérité de son patriotisme ; M. Goudchaux, qui aime son pays et qui veut sa prospérité.

Enfin, le brave général **Bedeau,** ce héros de l'armée d'Afrique, aimé et respecté des soldats pour la grandeur de son caractère, son affabilité vis-à-vis ses inférieurs et son intrépidité en face des ennemis de la France !

Tels sont les hommes que la voix du peuple a désignés pour veiller sur les destinées de la République française. Avec de tels éléments de prospérité, comment ne pas concevoir d'espérance ! Nous sommes à l'aurore d'un système nouveau, chacun est animé du plus touchant enthousiasme, l'accord joint les masses ; des hommes éprouvés tiennent en leurs mains les rênes de l'État et gouvernent de concert avec le peuple et pour le peuple qui les lui a confiées ; courage donc, citoyens, que vos âmes se retrempent au contact des grands événements qui viennent de s'accomplir, que votre loyal concours soit acquis à l'État. Que la concorde et la fraternité soient les premiers liens qui vous attachent les uns aux autres, et bientôt vous verrez succéder aux temps arides et difficiles que vous venez de traverser, une prospérité digne de notre beau pays de France, et vous verrez cette France devenir un objet d'orgueil et d'envie pour les autres nations, après avoir été avilie et abaissée à leurs yeux par une politique détestable et corrompue!

RELATION

DES

FAITS PASSÉS DANS LES JOURNÉES DES 22, 23 ET 24 FÉVRIER.

Bien que tous les détails des faits accomplis dans les trois journées des 22, 23 et 24 février aient été portés à la connaissance du public par tous les journaux, nous croyons néanmoins qu'il est de quelqu'utilité de réunir tous ces faits dans un seul et même cadre, qui mette sous les yeux des lecteurs le récit détaillé et complet des événements qu'on serait forcé d'aller chercher plus tard dans une multitude de feuilles publiques. Nous en rapportant donc, tant à ce que nous avons vu nous-mêmes qu'à ce que nous avons appris par toutes les voies de la publicité, nous allons tenter un récit succinct, et qui rappellera tous les faits importants qui méritent d'être conservés à la mémoire.

Chacun sait que le fameux banquet du 12e arrondissement a été l'occasion des troubles qui se sont élévés dans Paris, et qui ont amené à leur suite le renversement de la royauté et la proclamation de la République Française; — le banquet a été à la révolution ce qu'est l'étincelle à l'explosion d'une poudrière. Nous disons l'*occasion*, parce que la *cause* des faits qui se sont accomplis doit être recherchée beaucoup plus avant!

Depuis longtemps, un gouvernement impopulaire, usant d'un moyen que nous avons signalé déjà, la *corruption*, avait ruiné le commerce et l'industrie, et par conséquent plongé la plus grande partie du peuple français dans une misère qu'il supportait avec une patience vraiment admirable, et qui prouve au plus haut degré son amour de l'ordre et de la paix! Pourtant il fallait un terme à ces maux qui désolaient le pays, et une réforme seule, accomplie dans les conditions que nous avons indiquées, pouvait l'apporter. Une notable partie de la chambre des députés la demanda donc au gouvernement sans que celui-ci fît droit à leur réclamation. Pendant trois années, les choses empirèrent; le commerce, le petit commerce surtout, mourait, l'ouvrier, la plupart du temps sans travail et sans pain, se plaignait amèrement de l'incurie ou plutôt du mauvais vouloir du gouvernement. Tout le monde demandait une réforme devenue désormais urgente.

Peu soucieux de cet état de choses, le roi et ses ministres, au lieu d'ouvrir l'oreille à ces plaintes si justes, travaillaient au contraire à consolider leur pouvoir en le fondant sur une force brutale dont chacun dut s'indigner. Il fut donc résolu par quelques députés qu'ils protesteraient en commun contre cette conduite si arbitraire et si opposée aux droits d'une nation libre. Il fut convenu qu'on se réunirait en un banquet composé de souscripteurs adhérents, et que là, en présence de la nation tout entière, on réclamerait une réforme si nécessaire.

Confiants en leur pouvoir, le roi et ses ministres crurent qu'il leur serait facile d'interdire une réunion proposée sur de pareilles bases. Ils déclarèrent donc qu'ils s'opposeraient formellement à cette manifestation.

De leur côté les opposants ayant à leur tête un homme honorable, qui depuis vingt ans a toujours soutenu les intérêts du pays, M. Odilon Barrot, déclarèrent que, malgré cette interdiction qu'ils prétendaient illégale, le banquet aurait lieu! De là survint le conflit qui devait amener la Révolution dont les fondements sont jetés aujourd'hui.

Déjà, quinze jours avant le jour fixé pour la réunion dont il s'agit, tout le monde s'agitait et on se demandait comment finirait ce conflit engagé entre un pouvoir usant de moyens détestables, et une minorité qui avait pour elle les vœux de tous les honnêtes gens. Tous les cœurs étaient inquiets. Les ministres avaient déclaré que, quoi qu'il arrivât, ils ne céderaient pas ; aussi se préparait-on à quelque événement, car les députés, ayant de leur côté, sinon la force, au moins le droit et les sympathies de la nation, croyaient de leur devoir de ne pas reculer.

L'agitation et l'inquiétude augmentèrent encore quand on apprit quelles violentes mesures employait le pouvoir pour s'opposer à la manifestation projetée. Il n'était bruit partout, et malgré les dénégations ministérielles, ces bruits se confirmaient, il n'était bruit partout que de canons mis en état de service, de munitions, de cartouches distribuées aux soldats ; de troupes consignées, et prêtes à paraître au moindre signal ; d'ordres donnés pour assurer la prompte arrivée des troupes à Paris, en cas de besoin !

On comprend que ces bruits étaient propres à jeter l'alarme dans le peuple et à exciter l'indignation de tous les hommes de bien ! Aussi l'exaltation alla-t-elle croissant jusqu'au jour fixé pour le banquet. On s'attendait à une catastrophe, et, en effet, à voir l'obstination et le calme odieux que le ministère apportait à ses préparatifs sanglants, à voir la persévérance loyale de l'opposition dans son dessein, cette catastrophe devenait inévitable. Une seule chose eût pu la faire éviter : la retraite du ministère ; mais les hommes qui le composaient aimèrent mieux se cramponner au pouvoir pour en être chassés ignominieusement, que de se retirer à la voix, disons même, à la prière du pays ! Dieu, sans doute, l'a voulu ainsi, remercions-le, sa volonté est faite, et, en même temps, la gloire de la France est sauvée !

La veille du jour fixé pour le banquet du douzième arrondissement, un grand nombre de députés demandèrent aux ministres s'ils entendaient toujours s'opposer par la force brutale à la manifestation calme et pacifique qu'ils préparaient. Ici encore le doigt de Dieu s'est révélé ; si les ministres avaient laissé faire le banquet, ou si les députés avaient eu la fermeté de passer outre, la réunion aurait eu lieu, l'ordre n'aurait été que peu troublé, la réforme aurait été obtenue, Louis-Philippe serait encore sur le trône, et nous n'aurions pas la République ! Au lieu de cela les ministres persévérèrent dans leur obstination aveugle, et alors, mais trop tard, la majorité des députés opposants, effrayés de s'être avancés si loin et ne voulant pas prendre sur eux la responsabilité des faits qui allaient se passer, résolurent de ne point aller à ce banquet.

Nous disons *trop tard*, parce que le peuple de Paris, convoqué tout entier pour ce jour-là, ne put renoncer, lui, poussé par une crainte futile, à faire triompher tous ses droits. Le mardi, 22 février, donc, la majorité des ouvriers de Paris, qui s'attendaient à une grande et solennelle manifestation, les étudiants, les gens de commerce, se portèrent en masse aux Champs-Élysées pour soutenir, par leur présence, les hommes dont le courage devait leur obtenir la victoire! Quel fut leur désappointement lorsqu'ils apprirent la résolution prise par la plupart de ces hommes! Ils trouvèrent aux Champs-Élysées de nombreux détachements de gardes municipaux, envoyés là pour maintenir l'ordre qu'on s'attendait à voir troublé par un concours aussi considérable de monde!

Ce fut là la première des trois grandes et célèbres journées qui nous ont acquis la liberté. Une foule immense donc s'était portée aux abords des Champs-Élysées, sur les places de la Concorde et de la Madeleine, et vis-à-vis la Chambre des députés. Quelques escadrons de dragons et de cuirassiers en gardaient les abords! Un ordre du préfet de police, affiché par tout Paris, prononçait interdiction de toute espèce de rassemblements. Il s'en forma pourtant de toutes parts; l'agitation était au comble. Des pelotons de gardes municipaux, le sabre au poing, firent quelques charges qui ne servirent qu'à accroître l'irritation. Quelques personnes reçurent des coups violents, et le sang coula.

Cette vue redoubla la fureur des assistants. En un moment, tous les verres des becs de gaz volèrent en éclats ; les chaises destinées aux promeneurs furent précipitées sur la chaussée des Champs-Elysées ; quelques arbres abattus derrière l'hôtel de Praslin servirent à former une barricade. Une charge de gardes municipaux, au galop, essaya de disperser les émeutiers. Ils furent reçus par une grêle de pierres. Cependant, aucuns désordres graves n'avaient encore eu lieu. Les troubles étaient surtout concentrés dans cette partie de la ville ; les autres quartiers jouissaient d'assez de tranquillité.

Pendant que ces scènes se passaient à la porte de la chambre des députés, ces messieurs s'occupaient avec un sangfroid tout britannique d'un projet de loi concernant la Banque de Bordeaux ! A peine écoutait-on ceux qui, venant de l'extérieur, faisaient des rapports alarmants sur ce qui se passait à deux pas, et la discussion continuait.

Pourtant, vers quatre heures, l'alarme se répandit dans le quartier de la place Vendôme et se prolongea plus avant dans la ville. On prétendit que des coups de fusil avaient été entendus dans la direction de l'hôtel des Capucines, habitation du ministre Guizot. Le peu de boutiques restées ouvertes furent précipitamment fermées.

La soirée se passa assez paisiblement. Des troubles et des collisions s'élevèrent pourtant dans les quartiers Saint-Denis et Saint-Martin, peuplés d'un nombre considérable d'ouvriers! Quelques coups de feu furent échangés, mais d'une manière bien inégale, car il y avait très-peu de citoyens armés. Des barricades furent formées pendant la nuit dans plusieurs rues, et notamment dans celles Saint-Denis, Saint-Martin, du Caire, Bourbon-Villeneuve, Poissonnière et du Petit-Carreau. Le matin, quelques détachements de la troupe de ligne tentèrent de s'emparer de la barricade du Petit-Carreau. Des coups de fusil partirent pour l'attaque et la défense, et deux personnes périrent, assure-t-on, de la suite de blessures reçues en cette circonstance!

L'aspect offert par les rues Saint-Denis et Saint-Martin était des plus tristes. Toutes les boutiques étaient restées fermées; des barricades formées dans les rues transversales, et pour l'édification desquelles une partie de la rue avait été dépavée, empêchaient la circulation des voitures; des groupes d'ouvriers circulant, la plupart sans armes, offraient un spectacle aussi triste à voir qu'à écrire. Vers dix heures, la plupart des barricades étaient occupées par des détachements d'infanterie, et on pouvait remarquer sur le visage des officiers et des soldats la tristesse que leur causait l'accomplissement d'un aussi pénible devoir et l'obligation où ils se trouveraient peut-être de tirer sur leurs frères ! La place du Carrousel était occupée, ainsi que la place de la Concorde, par de forts détachements de cavalerie qui y avaient bivouaqué pendant la nuit précédente. Le haut des rues Saint-Denis et Saint-Martin, le boulevard Bonne-Nouvelle et la rue du Temple étaient aussi occupés militairement. Ce quartier, quoiqu'agité extrêmement, ne présentait pas l'aspect du Marais où l'action s'était engagée.

Quelques barricades, formées rue Vieille-du-Temple et rue de l'Échaudée, furent vivement disputées par la troupe de ligne : une fusillade s'engagea et fit plusieurs victimes ; elle ne cessa qu'à l'arrivée des gardes nationaux, qui s'interposèrent. Quelques coups de canons, petit calibre, furent tirés par la troupe pour balayer les rues obstruées. La garde nationale, que le gouvernement avait eu le tort impardonnable de ne pas faire convoquer la veille, et qui, seule, eût pu rétablir l'ordre troublé, plutôt que maintenu, par les charges brutales des gardes municipaux, la garde nationale se trouvait, ce jour-là, nombreuse sous les armes; elle empêcha, sur plusieurs points, des collisions sanglantes, et notamment à la place des Petits - Pères, où se trouvait réuni un bataillon de la 3e légion. Une foule d'individus, et nous devons dire que c'étaient plutôt des curieux que des combattants, se trouvaient réunis sur ce point, quand tout à coup ils furent violemment chargés par un détachement de dragons. Quelques malheurs allaient être à déplorer, quand la garde nationale intervint. Le brave chef s'avança vers la troupe, leur dit que la garde nationale était là pour maintenir l'ordre, et qu'elle le maintiendrait; que les soldats aient donc à se retirer, qu'il prenait le peuple présent sous sa protection; et, en même temps, il le fit ranger entre deux rangs de son bataillon. Un garde municipal, qui était présent, coucha ce brave officier en joue; mais celui-ci, conservant toute sa présence d'esprit, releva la carabine avec son épée, et sa générosité épargna ce misérable! De son côté, la 2e légion tenait bon, et renvoyait, au cri de : *Vive la réforme!* un escadron de cuirassiers qui s'était présenté pour passer dans ses rangs.

C'est à ce moment à peu près, vers deux heures, qu'on apprit la nouvelle de la retraite du ministère, et de la mission, confiée par Louis-Philippe à M. Molé, de former un nouveau cabinet. Cette nouvelle calma peu à peu l'irritation et ramena le calme dans les esprits. On ajouta que le maréchal Bugeaud avait été nommé commandant-général des gardes nationales de la Seine, en remplacement du général Jacqueminot, dont la démission avait été acceptée. Les collisions cessèrent de toutes parts, sans que pour cela les troupes abandonnassent les postes où elles stationnaient. Les abords des rues Saint-Martin, Saint-Denis, Bonne-Nouvelle et Poissonnière restèrent gardés par différents corps de troupe, soit infanterie, soit cavalerie.

Voici ce qui s'était passé à la Chambre des députés :

M. Havin, député de la Seine, ému à l'aspect de ce qui se passait dans la capitale, se proposait d'adresser des interpellations au président du conseil, afin de savoir de lui quelles mesures il entendait employer pour faire cesser promptement ces luttes qui ensanglantaient Paris. M. Guizot, d'abord présent à la séance, venait de sortir, appelé au château, où se trouvait déjà le ministre de l'Intérieur, M. Duchâtel. M. Havin, sur l'observation de plusieurs membres, différa de quelques instants ses interpellations. Quand le ministre rentra, ces interpellations eurent lieu. M. Guizot déclara qu'il n'était pas dans son intention d'y répondre, et que la seule chose qu'il eût à communiquer à la Chambre était que le roi venait de mander auprès de lui M. Molé, pour procéder à la formation d'un nouveau cabinet. Les violents murmures du centre accueillirent l'expression de cette résolution trop tardive. Le bruit de la démission des ministres se répandit bientôt à l'extérieur, et une heure après tout Paris le sut.

Tout le monde était satisfait ou à peu près ; on avait ce qu'on avait demandé, la réforme, et le peuple avec la garde nationale crièrent, dans un transport unanime : *Vive la Réforme*. Le soir, la joie était grande ; des groupes nombreux, disons plutôt des troupes nombreuses de jeunes gens de toutes classes, ouvriers, employés, etc., etc., dont quelques-uns à la tête portaient des torches, parcoururent tout Paris aux cris mille fois répétés de : *Vive la Réforme, à bas Guizot!* Et toutes les fenêtres s'illuminaient sur leur passage pour suppléer au gaz, les becs ayant été brisés en plusieurs endroits.

Une colonne, surtout, composée de plus de cinq mille individus, et qui se grossissait encore à chaque pas de tous ceux qu'elle rencontrait, suivait le boulevart. De nombreuses huées furent poussées en passant devant l'hôtel du ministre des affaires étrangères, gardé par un détachement de dragons et un bataillon du 14e de ligne. Les cris : *A bas Guizot !* furent très nombreux. Une partie de cette colonne se porta chez M. Odilon Barrot pour le féliciter ; M. Odilon Barrot ne se présenta pas à la fenêtre; il parla de l'intérieur de sa cour. Quelques minutes après, quelques mécontents de la conduite tenue par lui la veille du banquet, allèrent crier sous sa fenêtre et lui donner un charivari. Ces bruits durèrent peu. Remontant le boulevart, traversant les rues de la Paix, Saint-Honoré et Montmartre, cette colonne, grossie d'une multitude considérable de vieillards, de femmes et d'enfants, redescendit jusqu'à l'hôtel des Capucines. Le boulevart, les rues, les places étaient illuminés. Par une fantaisie joyeuse et bien convenable , le peuple voulut que l'on illuminât l'hôtel du ministre réactionnaire pour célébrer la chute de ce même ministre. Des cris partirent donc de toutes parts : *Illuminez, des lampions aux croisées de l'hôtel, des lampions !* (Nous conservons le mot tel qu'il a été prononcé, pour plus d'exactitude.)

On comprend facilement que le silence le plus absolu fut la seule réponse à ces injonctions. Le peuple, ce soir-là, était le maître, il était enivré de son triomphe, il ne voulait pas qu'on lui désobéît. D'ailleurs l'exaltation qui régnait dans les esprits ne leur permettait pas de songer à la presqu'impossibilité de ce qu'ils demandaient ainsi à grands cris. Des milliers de voix continuèrent donc à demander : *Des lampions*, et le tout au milieu des cris : *A bas Guizot*.

C'est alors que se passa un fait inouï, un de ces faits dont l'histoire n'offre d'exemple que dans les pays non encore civilisés, et où le despotisme règne en maître absolu et souverain. Pendant que cette foule, égarée par un excès d'ivresse, demandait au ministre qu'elle avait renversé de célébrer lui-même sa chute, un ordre effrayant fut donné; c'est ce qui décida le destin de la France! Cette circonstance était marquée par la destinée, et il faut que la destinée s'accomplisse. Une détonation se fit entendre. Un bataillon entier venait de faire feu sur une troupe inoffensive, sans armes, et composée en partie de femmes et d'enfants! Des gémissements répondent à ce bruit, et le boulevart, jonché de blessés, de morts et de mourants, est teint du sang des victimes de cette brutalité atroce et d'un autre âge! Soixante personnes étaient tombées, trente environ avaient perdu la vie! les autres avaient pris la fuite! Deux cents hommes environ restèrent pour relever leurs infortunés compagnons, et ils le firent en poussant un cri de rage qui devait avoir un écho si grand dans tous les cœurs des citoyens : *Aux armes, nous sommes trahis, on a assassiné nos frères!* et ce cri vole de bouche en bouche ! Les boutiques qui s'étaient rouvertes à l'aspect de la joie générale, se referment précipitamment à l'aspect de la terreur qui se lit sur tous les fronts. Les malheureuses victimes de cet odieux attentat sont relevées et portées au bureau du *National*, à la place de la Bourse, et de là à la Bastille, au milieu des cris d'indignation et de vengeance que pousse une population en furie !

Dès lors, tout fut dit : Paris, qui avait repris quelques heures de calme, redevint sombre. Des barricades furent élevées sur tous les points. Il n'y eut pas dans toute la ville la moindre rue qui n'eût la sienne. Tout fut bon. Les voitures, cabriolets, fiacres, omnibus, diligences, haquets, tout servit, tout fut renversé. Les rues furent dépavées, et ces matériaux servirent à consolider les barricades. Dans les quartiers populeux, la lutte dura toute la nuit, le sang coula toute la nuit. Le désespoir, le désir de vengeance était dans tous les cœurs ! Le matin, Paris présentait un aspect effrayant. Plus d'arbres, plus de bancs, plus de colonnettes sur les boulevarts, sur les places ; tout renversé , tout brisé , tout utilisé aux barricades ! la consternation sur tous les visages ! la moitié du peuple armé, et le reste demandant avec instance des armes qu'on s'empresse de leur fournir de toutes les maisons qui en possèdent.

A six heures, des chasseurs de Vincennes et des artilleurs viennent pour s'emparer d'une barricade énorme formée à la jonction du boulevart et du faubourg Montmartre ; on répond à leur feu aux chants de la *Marseillaise* et du *Chœur des Girondins*. La fusillade et le canon chargé à mitraille ne peuvent se rendre maîtres de cette barricade ; les soldats l'abandonnent. Dans la rue Saint-Denis, d'énormes barricades résistent à tous les assauts qui leur sont donnés. Le boulevart est barricadé près de la porte Saint-Denis, ce qui rend impossible la circulation de la cavalerie. Paris est une place de guerre à mille remparts.

A neuf heures, les travaux de barrage continuent quand on envoie dire et publier dans toute la ville que MM. *Thiers, Odilon-Barrot* et *Duvergier de Hauranne* ont accepté le ministère, et que leur entrée au pouvoir sera signalée par l'obtention de la Réforme ! Mais ce n'est plus cela que l'on veut ! Hier encore il était temps, aujourd'hui il est trop tard. Le maréchal Bugeaud est remplacé dans le commandement des gardes nationales par le général Lamoricière. Payant de sa personne, le général vient lui-même annoncer cette nouvelle, mais elle produit peu d'effet. Les placards annonçant le ministère Thiers et Barrot sont aussitôt enlevés que posés. Ce n'est plus cela que l'on veut. Déjà, dans toutes les rues, on entend proférer ces mots : *A bas le système! à bas Louis-Philippe!* Le mouvement prend une extension effrayante. M. Odilon-Barrot lui-même, accompagné de quelques députés dont plusieurs en habit de gardes nationaux, essaie de parcourir les boulevarts et de calmer la population! On est sourd à sa voix. Arrivé à la barricade de la rue Saint-Denis, ne pouvant passer, il est forcé de rebrousser chemin. Pendant ce temps, les hostilités continuèrent dans la rue Saint-Martin. Une caserne de gardes municipaux est envahie par le peuple; elle est pillée, saccagée, et bientôt un immense incendie la dévore. Là, il y a eu encore effusion de sang. Mais, sans contredit, un des plus terribles épisodes de ces trois jours, a été celui qui s'est passé le 23 aux Champs-Elysées. Un corps de garde occupé par un détachement de gardes municipaux ayant fait feu, fut pris, brûlé, et aucun des malheureux qu'il renfermait n'échappa à la fureur et aux coups de la population furieuse !!! Pendant que ceci se passait, une maison de la rue Beaubourg était le théâtre d'une scène effrayante. Des gardes municipaux, prétendant qu'on avait tiré sur eux d'une maison, y pénétrèrent et égorgèrent, nous a-t-on assuré, plusieurs victimes.

Nous avons rapporté quelle attitude avaient le faubourg et le boulevart Montmartre ; elle devint encore plus menaçante par la prise qui fut faite de deux canons et d'un caisson de munitions qui servirent à défendre la barricade en cas d'attaque. Dans cet instant passa un régiment de ligne, le 52e, dit-on, qui, au lieu de prendre une attitude menaçante, baissa les armes et fraternisa avec le peuple. Les braves soldats qui composaient ce régiment n'ont point voulu tirer sur leurs frères, et le gouvernement actuel songe à les en récompenser aujourd'hui en décorant leur régiment du titre de *Premier régiment de la République*. Cependant, par le fait de la soumission de ce régiment, il se trouva un plus grand nombre d'individus armés, beaucoup d'entre les soldats ayant cru prudent d'abandonner leurs fusils. La lutte se continuait sur plusieurs points et menaçait de devenir bientôt générale. De toutes parts, on répétait ce cri : *Aux Tuileries!* et une foule d'individus armés partirent dans cette direction. En débouchant sur la place du Palais-Royal, ils trouvèrent le poste du Château-d'Eau occupé par des gardes municipaux et un détachement du 14e régiment de ligne, qui les refoulèrent quelques instants dans l'intérieur du Palais ; mais on fut bientôt maître de cet endroit, et, retranchés eux-mêmes dans le poste du Château, les soldats eurent à soutenir un siége terrible que leur rendait plus pénible encore la fumée de quatorze voitures de la cour amenées sur la place du Palais-Royal, et auxquelles on avait mis le feu. Cependant, après une résistance opiniâtre, les soldats durent céder sous les efforts réunis du peuple et des divers détachements de gardes nationaux qui les assiégeaient. Le poste fut pris, le commandant fut blessé mortellement. Le reste des combattants s'échappa par la petite rue Froidmanteau. Bientôt, pénétrant dans l'intérieur du poste, le peuple furieux y mit le feu. L'incendie dévora tout en un moment et ne laissa que les quatre murs. Quelques soldats blessés qui n'avaient pu se sauver périrent au milieu des flammes !

Pénétrant alors dans l'intérieur des appartements du Palais-Royal, le peuple, toujours au comble de l'exaspération, brisa tout ; les fenêtres volèrent en éclats, et de dessus les terrasses, précipita dans la cour tous les meubles, sans distinction de prix, et en fit deux immenses feux ! Tout y passa ; les tableaux mêmes ne furent pas épargnés ! Pendant cinq heures, le feu dura, alimenté par une foule d'objets précieux et de luxe, dont on ne détourna que les coussins de canapés pour servir à coucher les blessés de l'ambulance établie dans la Galerie d'*Orléans*, et les tentures de velours pour les recouvrir ! Ce qui prouve la grandeur et l'excessive probité du peuple de Paris, c'est qu'au milieu de cette dévastation, personne, même parmi les plus pauvres et les plus nécessiteux d'entre les assistants, personne ne se permit d'emporter quoi que ce soit. *Brûlons*, criait-on, *mais ne volons pas*, *n'em-*

portons rien ! Quelques traits montreront le désintéressement de ces citoyens : Le général Athalin habite le Palais-Royal ; il était retenu chez lui par la goutte lors de ces événements. Quand on se présenta chez lui, ce fut son neveu qui, avec Madame Athalin, reçut les insurgés : « Je suis une femme du peuple, dit celle-ci, et j'ai lieu de compter sur ses égards. —*Et une belle, fichtre!* » fut-il répondu. En effet, Madame Athalin, fille d'un matelot, est une des plus remarquables personnes qu'on puisse voir. Elle instruisit ceux qui se présentaient de la santé de son mari, et les conduisit près de lui. Loin de céder à des violences, ces hommes conduisirent le général dans une maison voisine. Ayant appris qu'il avait chez lui, tant à son neveu qu'à lui-même, environ trente-un mille francs, ces hommes du peuple réunirent ces deux sommes et les portèrent à l'instant au général, en présence de M. Laurent Athalin, qui ne put trop admirer un aussi noble désintéressement.

Du Palais-Royal aux Tuileries la route n'est pas longue ; aussi y fut-on bientôt. Comprenant, sans doute, que toute lutte était inutile et toute résistance vaine, les troupes qui occupaient les cours et l'intérieur du palais, descendirent et remirent leurs armes au peuple, fraternisant avec lui. Aussitôt, tout combat ayant cessé, le palais des Tuileries fut envahi, mais on ne trouva plus aucun membre de la famille royale. Les insurgés se dirigèrent d'abord vers la salle du Trône, que, dans leur fureur, ils descendirent et précipitèrent dans la cour. De là, couvert de boue, souillé, vilipendé, ce trône fut promené pendant deux heures dans Paris et offert aux huées du peuple, qui se vengea sur lui de dix-huit années de servitude ! Chose étonnante, ou plutôt admirable, sauf quelques dégâts inévitables dans un pareil concours d'individus, tout fut respecté aux Tuileries. La salle du Trône seule fut maltraitée. A la place où était le siége du roi, on écrivit : *Vive la Pologne! vive l'Italie! à bas les tyrans! vive la liberté !* Chacun se contenta d'admirer. Quelques scènes grotesques se passèrent même. Des individus, fatigués et échauffés, trouvèrent les clefs de l'office et de la cave, et, remontant les tonneaux jusque dans la cour, ils s'en donnèrent à cœur-joie. En un moment, 20 à 30 mille individus étaient aux Tuileries, et des cris de : *Vive la liberté !* partaient de toutes parts.

Voici ce qui s'était passé aux Tuileries dans la matinée, et ce qui s'y passait encore une heure avant les évènements que nous venons de rapporter. Le matin, ainsi que nous l'avons dit, Louis-Philippe avait fait appeler MM. Thiers, Odilon-Barrot, et avait confié à ces messieurs la tâche de former un nouveau ministère à la place de celui que devait former M. Molé. Des placards furent aussitôt affichés dans tout Paris, qui, annonçant cette nouvelle, et promettant LIBERTÉ, ORDRE et RÉFORME, furent cependant déchirés aussitôt que posés. C'est un peu plus tard que le peuple se dirigea vers les Tuileries. Au moment de l'attaque du poste du Château-d'Eau, quelques députés se rendirent auprès du roi, parmi eux M. Emile de Girardin et M. Crémieux, et le contraignirent, en quelque sorte, à signer son abdication en faveur de son petit-fils, avec régence de Madame la duchesse d'Orléans. Le général Lamoricière vint aussitôt escorté d'une compagnie de la 2e légion pour s'interposer entre les combattants, et faire cesser le feu en annonçant cette nouvelle. Mais il ne put être ni écouté, ni entendu ; il reçut même une blessure, assez légère il est vrai! Au moment où le peuple, vainqueur au Palais-Royal, commençait à se précipiter sur les Tuileries, le roi, accompagné de la reine, sortait du palais par le petit souterrain qui conduit sur la terrasse du bord de l'eau, et arrivait à la place de la Concorde par la grande grille. Il y avait alors peu de monde sur la place. Le roi et la reine s'avancèrent à peu près jusqu'à l'obélisque, entourés de quelques officiers généraux; bientôt la foule grossissant, ils se virent contraints, sans pouvoir se faire entendre, de retourner sur leurs pas, et de monter, non sans donner des signes d'une émotion violente, dans deux petites voitures qui se trouvaient à portée, et qui les emportèrent avec une rapidité excessive dans la direction de Saint-Cloud; très peu de monde les suivirent, et les deux voitures, attelées chacune d'un seul cheval, ne furent escortées que par un piquet de cuirassiers au nombre d'environ deux cents. Ainsi s'enfuit Louis-Philippe, sortant de Paris comme il y était entré, par la volonté souveraine du peuple, par UNE BARRICADE!!! Instabilité des choses de ce monde, vanité du pouvoir qu'un souffle populaire peut anéantir, fragilité du trône que la main de la nation brise si facilement!

Quelques minutes auparavant, la duchesse d'Orléans était partie, accompagnée de ses deux fils, pour se rendre à la chambre des députés, et faire connaître l'abdication du roi et la régence dont elle était investie. On accueillit l'infortunée princesse avec tous les égards dus à son rang et à son malheur! Le duc de Nemours l'accompagnait. La réception qu'on fit au duc fut froide; quelques voix s'élevèrent même pour l'engager à sortir pendant la délibération. La duchesse communiqua à la chambre, d'une voix émue, la volonté du roi, mais il était trop tard; des députés se succédèrent à la tribune, qui, tout en rendant hommage au malheur de la princesse, déclarèrent qu'il ne fallait reconnaître aucun souverain, ni prendre aucune décision sans avoir consulté le peuple, alors le seul maître de Paris; qu'il fallait donc établir sur-le-champ un gouvernement provisoire, chargé de veiller au salut et aux intérêts de l'État. C'est en ce moment que le peuple, parmi lequel on remarquait un nombre considérable de gardes nationaux, envahit la salle et les tribunes. La duchesse fut forcée de se réfugier sur les bancs les plus élevés du centre droit. Un tumulte extraordinaire régna alors dans la salle des séances. Les orateurs se succédaient à la tribune sans parvenir à se faire entendre; on y vit apparaître des hommes du peuple, des gardes nationaux. La séance fut levée par le président, et on fit sortir la duchesse pour éviter quelques malheurs! Les cris de : *Vive la République!* retentissaient de toutes parts : *A bas Louis-Philippe!* La duchesse sortit, laissant la salle des séances dans une perturbation telle, que les éloquentes et sublimes paroles de **M. Lamartine** parvinrent à peine à dominer le tumulte! Enfin des noms furent proposés pour la constitution du gouvernement provisoire; on remarquait ceux de **M. Lamartine, Dupont** (de l'Eure), **Garnier-Pagès, Arago, Ledru-Rollin, Crémieux, Marie, Bethmont.** La séance était devenue impossible par suite du bruit; les cris : *Au siége du Gouvernement, à l'Hôtel-de-Ville*, partaient de tous côtés! **M. Lamartine** descendant alors de la tribune, se rendit, ou plutôt fut porté en triomphe jusqu'à l'Hôtel-de-Ville, où il arriva vers cinq heures.

Pendant ce temps, le duc de Nemours, revêtu de son habit de lieutenant-général, allait être reconnu et sans doute maltraité par la population exaspérée, quand un garde national vint vers lui, lui offrit de changer de vêtement ; le prince accepta avec empressement, mit le schako et la tunique de son généreux protecteur, et s'élança bravement par une des fenêtres qui donne sur le jardin du palais Bourbon, se disposant sans doute à rejoindre son père, dont il devait connaître le départ précipité.

Cependant les membres proposés du gouvernement provisoire se réunissaient à l'Hôtel-de-Ville pour commencer leur travail de pacification. Une foule considérable d'individus de tout âge et de tout sexe stationnait sur la place, et faisait retentir l'air des cris mille fois répétés : *Vive la République; nous voulons la République; plus de tyrans; il ne faut pas nous jouer comme en* 1830! Un grand nombre d'individus armés pénétrèrent dans l'intérieur de l'Hôtel, et prétendirent parler aux membres du gouvernement provisoire, pour les forcer à proclamer immédiatement la République. La plupart d'entre eux arrivèrent même jusqu'au cabinet de l'ancien préfet où se tenaient ces messieurs ; un tumulte effrayant s'ensuivit, toute délibération devenait impossible. On demandait à grands cris la République! Plusieurs projets de proclamation furent rédigés par les individus présents et immédiatement déchirés. Quelques chaleureuses paroles de **M. Lamartine**, quelques mots de **M. Garnier-Pagès** parvinrent à peine à ramener un instant de silence! Présent à cette scène, nous avons pu remarquer avec quel sang-froid les honorables membres acceptaient la situation qui leur était faite, et avec quelle énergie ils se proposaient de marcher, énergie alors sans pouvoir au milieu d'une population exaltée et au comble de l'effervescence!

« Messieurs, disait l'honorable **M. Lamartine.** — Il n'y a plus de messieurs, répondait-on! — Citoyens, au nom de la liberté que vous venez de conquérir, au nom de la paix publique qui peut être compromise, rentrez dans l'ordre, permettez au gouvernement provisoire de délibérer; comptez sur notre patriotisme, comme nous comptons sur le vôtre!

— *La République!* répondait-on, *la République!* de suite!

— Vous l'aurez, citoyens.

— Eh bien! proclamez-la! »

Enfin, après une heure environ, pendant laquelle le vénérable **M. Dupont** (de l'Eure), étourdi par les cris et suffoqué par la chaleur, défaillit plusieurs fois, les membres du gouvernement provisoire, sur l'indication qui leur en fut faite, parvinrent à se dérober à la population et à se retirer dans un autre cabinet voisin où ils purent délibérer à l'aise, ayant eu la précaution de faire garder la porte par des hommes armés!

Quelques moments après les noms des membres du gouvernement provisoire étaient proclamés chacun avec son attribution (voir aux ordonnances, II), et environ à dix heures du soir l'honorable **M. Lamartine** venait lire au peuple impatient la première proclamation dont chaque mot fut accueilli par des bravos frénétiques. (Voir aux ordonnances, I.)

Après cette lecture, les membres du gouvernement provisoire engagèrent les citoyens présents et armés à se rendre aux barrières, surtout à la barrière du Trône, pour surveiller les mouvements des troupes et de l'artillerie de Vincennes, de la part de laquelle on craignait un mouvement! La nuit heureusement se passa tranquillement, et le lendemain, Paris se levait républicain! Un nouvel air semblait pénétrer dans les poumons, l'air de la liberté.

Un service fut organisé pour garder les barricades, qu'on ne crut pas prudent de renverser encore, en cas que les troupes des forts ne vinssent à donner! Mais le lendemain toutes ces craintes furent dissipées; le fort de Vincennes se rendit et les autres firent peu à peu leur soumission au gouvernement. Des ordonnances furent rendues pour assurer la subsistance de tous les hommes armés et rétablir la tranquillité dans la ville. Enfin le samedi, tout Paris avait repris sa physionomie ordinaire; les voitures circulaient, les boutiques se rouvraient, un calme parfait régnait dans la population. On s'abordait tranquillement, comme si rien ne s'était passé, comme s'il ne s'était accompli qu'un événement attendu et naturel! Partout on criait : *Vive la République!* et les couleurs nationales s'étalaient sur toutes les poitrines.

On n'a pu assurer encore, d'une manière bien exacte, le nombre des victimes qui ont succombé de part et d'autre. Toutefois, on le croit généralement moindre qu'en 1830. Beaucoup de cadavres ont été reconnus, et un nombre considérable de blessés sont soignés à domicile. On compte environ sept cents blessés dans les hôpitaux, et quatre cents à quatre cent cinquante morts.

ORDONNANCES RENDUES

PAR LES

MEMBRES DU GOUVERNEMENT PROVISOIRE

DE LA

RÉPUBLIQUE FRANÇAISE,

DANS

Les Journées des **24, 25, 26** et **27** Février 1848,

Immédiatement après leur installation.

I.

Au nom du Peuple français!

PROCLAMATION DU GOUVERNEMENT PROVISOIRE AU PEUPLE FRANÇAIS.

Un gouvernement rétrograde et oligarchique vient d'être renversé par l'héroïsme du peuple de Paris. Ce gouvernement s'est enfui en laissant derrière lui une trace de sang qui lui défend de revenir jamais sur ses pas.

Le sang du peuple a coulé comme en juillet; mais, cette fois, ce généreux sang ne sera pas trompé. Il a conquis un Gouvernement national et populaire, en rapport avec les droits, les progrès et la volonté de ce grand et généreux peuple.

Un Gouvernement provisoire, sorti d'acclamation et d'urgence par la voix du peuple et des députés des départements, dans la séance du 24 février, est investi momentanément du soin d'assurer et d'organiser la victoire nationale. Il est composé de :

MM. Dupont (de l'Eure).
Lamartine.
Crémieux.
Arago (de l'Institut).
Ledru-Rollin.
Garnier-Pagès.
Marie.

Ce Gouvernement a pour secrétaires :

MM. Armand Marrast.
Louis Blanc.
Ferdinand Flocon.
Et. Albert.

Ces Citoyens n'ont pas hésité un instant à accepter la mission patriotique qui leur était imposée par l'urgence. Quand la capitale de la France est en feu, le mandat du Gouvernement provisoire est dans le salut public. La France entière le comprendra et lui prêtera le concours de son patriotisme. Sous le gouvernement populaire que proclame le Gouvernement provisoire, tout Citoyen est magistrat.

Français, donnez au monde l'exemple que Paris a donné à la France : préparez-vous, par l'ordre et la confiance en vous-mêmes, aux institutions fortes que vous allez être appelés à vous donner.

Le Gouvernement provisoire veut la *République*, sauf ratification par le peuple, qui sera immédiatement consulté.

L'unité de la nation formée désormais de toutes les classes de citoyens qui la composent ; le gouvernement de la Nation par elle-même ;

La liberté, l'égalité et la fraternité pour principes ; le peuple pour devise et mot d'ordre, voilà le gouvernement démocratique que la France se doit à elle-même, et que nos efforts sauront lui assurer.

Dupont (de l'Eure),
Lamartine,
Crémieux,
Ledru-Rollin,
Garnier-Pagès,
Marie,
Arago,
Membres du Gouvernement provisoire.

Armand Marrast,
Louis Blanc,
Secrétaires.

II.

Au nom du Peuple Français!

Le Gouvernement provisoire arrête :

M. Dupont (de l'Eure) est nommé président provisoire du conseil, sans portefeuille ;

M. Lamartine, ministre provisoire aux affaires étrangères ;

M. Crémieux, ministre provisoire à la justice ;

M. Ledru - Rollin, ministre provisoire à l'intérieur ;

M. Michel Goudchaux, ministre provisoire aux finances ;

M. François Arago, ministre provisoire à la marine ;

M. le général Bedeau, ministre provisoire à la guerre ;

M. Carnot, ministre provisoire à l'instruction publique (Les cultes formeront une division de ce ministère).

M. Bethmont, ministre provisoire au commerce ;

M. Marie, ministre provisoire aux travaux publics ;

M. le général Cavaignac, gouverneur-général de l'Algérie.

La garde municipale est dissoute.

M. Garnier-Pagès est nommé maire de Paris.

MM. Guinard et Recurt sont nommés adjoints au maire de Paris.

M. Flotard est nommé secrétaire-général.

Tous les autres maires de Paris, ainsi que les maires-adjoints, sont provisoirement maintenus comme maires et adjoints d'arrondissements.

La préfecture de police est sous la dépendance du maire de Paris.

Le maintien de la sûreté de la ville de Paris est confié au patriotisme de la garde nationale, sous le commandement général donné à M. le colonel de Courtais.

A la garde nationale se réuniront les troupes qui appartiennent à la 1re division militaire.

AD. CRÉMIEUX,
LAMARTINE,
GARNIER-PAGÈS,
DUPONT (de l'Eure),
LEDRU-ROLLIN,
ARAGO,

Membres du Gouvernement provisoire.

III.

Au nom du Peuple Français.

A LA GARDE NATIONALE.

Citoyens,

Votre attitude dans ces dernières et grandes journées a été telle qu'on devait l'attendre d'hommes exercés depuis longtemps aux luttes de la liberté.

Grâce à votre fraternelle union avec le peuple, avec les écoles, la révolution est accomplie!..

La patrie vous en sera reconnaissante.

Aujourd'hui tous les citoyens font partie de la garde nationale; tous doivent concourir activement avec le Gouvernement provisoire au triomphe régulier des libertés publiques.

Le Gouvernement provisoire compte sur votre zèle, sur votre dévoûment à seconder ses efforts dans la mission difficile que le Peuple lui a conférée.

Suivent les signatures des membres du Gouvernement provisoire.

IV.

Au nom du Peuple Français!

Le Gouvernement provisoire arrête :

La Chambre des députés est dissoute.

Il est interdit à la Chambre des pairs de se réunir.

Une assemblée nationale sera convoquée aussitôt que le Gouvernement provisoire aura réglé les mesures d'ordre et de police nécessaires pour le vote de tous les citoyens.

Paris, le 24 février 1848.

Suivent les signatures des membres du Gouvernement provisoire.

Au nom du Peuple Français!

Le Gouvernement provisoire arrête :

Il est interdit aux membres de l'ex-Chambre des pairs de se réunir.

Paris, le 24 février 1848.

Suivent les signatures des membres du Gouvernement provisoire.

V.

Au nom du Peuple Français!

ABOLITION DE LA ROYAUTÉ.

La royauté, sous quelque forme que ce soit, est abolie.

Plus de légitimisme, plus de bonapartisme, pas de régence.

Le Gouvernement provisoire a pris toutes les

mesures nécessaires pour rendre impossible le retour de l'ancienne dynastie et l'avènement d'une dynastie nouvelle.

La République est proclamée.

Le Peuple est uni.

Tous les forts qui environnent la capitale sont à nous.

La brave garnison de Vincennes est une garnison de frères.

Conservons avec respect ce vieux drapeau républicain dont les trois couleurs ont fait avec nos pères le tour du monde.

Montrons que ce symbole d'égalité, de liberté, de fraternité, est en même temps le symbole de l'ordre et de l'ordre le plus réel, le plus durable, puisque la justice en est la base, et le Peuple entier l'instrument.

Le Peuple a déjà compris que l'approvisionnement de Paris exigeait une plus libre circulation dans les rues de Paris, et les mains qui ont élevé les barricades ont, dans plusieurs endroits, fait dans ces barricades une ouverture assez large pour le libre passage des voitures de transport.

Que cet exemple soit suivi partout; que Paris reprenne son aspect accoutumé; le commerce son activité et sa confiance; que le Peuple veille à la fois au maintien de ses droits, et qu'il continue d'assurer, comme il l'a fait jusqu'ici, la tranquillité et la sécurité publiques.

Suivent les signatures des membres du Gouvernement provisoire.

VI.

République Française.

LIBERTÉ, ÉGALITÉ, FRATERNITÉ.

Le Gouvernement provisoire, convaincu que la grandeur d'âme est la suprême politique, et que chaque révolution opérée par le peuple français doit au monde la consécration d'une vérité philosophique de plus;

Considérant qu'il n'y a pas de plus sublime principe que l'inviolabilité de la vie humaine;

Considérant que dans les mémorables journées où nous sommes, le Gouvernement provisoire a constaté avec orgueil que pas un cri de vengeance ou de mort n'est sorti de la bouche du Peuple;

Déclare :

« Que dans sa pensée la peine de mort est abolie en matière politique, et qu'il présentera ce vœu à la ratification définitive de l'assemblée nationale.

» Le Gouvernement provisoire a une si ferme conviction de la vérité qu'il proclame au nom du

Peuple français, que si les hommes coupables qui viennent de faire couler le sang de la France, étaient dans les mains du Peuple, il y aurait à ses yeux un châtiment plus exemplaire à les dégrader qu'à les frapper. »

Suivent les signatures des membres du Gouvernement provisoire.

VII.

Au nom de la République Française.

LE MINISTRE PROVISOIRE DE L'AGRICULTURE ET DU COMMERCE.

Attendu que, depuis le 22 février, la circulation des correspondances et effets de commerce dans la ville de Paris a été suspendue par force majeure;

Que le tribunal de commerce a dû suspendre ses audiences;

Que des réclamations ont été adressées par le commerce de Paris au Gouvernement provisoire; que le tribunal de commerce a été lui-même l'organe de ces réclamations;

Considérant l'urgence des circonstances,

ARRÊTE :

Art. 1er. Les échéances des effets de commerce, payables à Paris depuis le 22 février jusqu'au 15 mars inclusivement, seront prorogées de dix jours, de manière que les effets échus le 22 février ne seront payables qu'au 3 mars, et ainsi de suite.

Art. 2. Tous protêts, recours en garantie et prescription des effets de commerce mentionnés en l'art. 1er, sont également suspendus.

BETHMONT.

Fait à Paris, le 25 février 1848.

VIII.

République Française.

LIBERTÉ, ÉGALITÉ, FRATERNITÉ.

Le maire de Paris, averti que les citoyens ont manifesté l'intention de détruire les résidences qui ont appartenu à la royauté déchue, afin de faire disparaître jusqu'aux derniers vestiges de la tyrannie :

Leur rappelle que ces édifices appartiennent désormais à la nation ;

Que d'après une résolution prise par le Gouvernement provisoire :

Ils doivent être vendus, pour leur prix être affecté au soulagement des victimes de notre glorieuse Révolution ;

Et aux dédommagements que réclament le commerce et le travail.

Il invite donc tous les bons citoyens à se souvenir que les édifices nationaux sont placés sous la sauve-garde du Peuple.

Le maire de Paris, GARNIER-PAGÈS.

Paris, le 25 février 1848.

République Française.

Citoyens de Paris,

Le coq gaulois et les trois couleurs étaient nos signes vénérés quand nous fondâmes la République en France; ils furent adoptés par les glorieuses journées de juillet. Ne songez pas, Citoyens, à les supprimer ou à les modifier; vous répudieriez les plus belles pages de votre histoire, votre gloire immortelle, votre courage, qui s'est fait connaître sur tous les points du globe. Conservez donc le coq gaulois, les trois couleurs; le Gouvernement provisoire le demande à votre patriotisme.

Suivent les signatures des membres du Gouvernement provisoire.

IX.

Au nom du peuple français.

Le Gouvernement provisoire de la République française déclare que les fonctionnaires de l'ordre civil, judiciaire, militaire et administratif, sont déliés de leurs serments.

(Suivent les signatures des membres du Gouvernement provisoire).

Hôtel-de-Ville, le 25 février 1848.

X.

Circulaire adressée par M. le ministre provisoire de l'instruction publique à MM. les recteurs des Académies.

Paris, le 25 février 1848.

Monsieur le Recteur,

Le grand événement politique qui vient de s'accomplir ne doit être une cause d'interruption dans aucun service. Il importe que toutes les études suivent leur cours ordinaire.

Les conséquences de la Révolution qui donne à la France les institutions républicaines, se développeront graduellement en tout ce qui concerne l'instruction publique et les intérêts du corps universitaire.

XI.

Par arrêtés du gouvernement provisoire, en date du 25 février 1848 :

MM. Delangle, procureur-général près la cour d'appel de Paris ;

De Peyramont, procureur-général près la cour d'appel d'Angers ;

De Golbéry, procureur-général près la cour d'appel de Besançon ;

Parès, procureur-général près la cour d'appel de Colmar ;

Corbin, procureur-général près la cour d'appel d'Orléans ;

Salveton, procureur-général près la cour d'appel de Rouen ;

Blanchet, procureur-général près la cour d'appel de Grenoble ;

Preux, procureur-général près la cour d'appel de Douai ;

Didelot, procureur-général près la cour d'appel de Bourges ;

Lepeytre, procureur-général près la cour d'appel de Caen ;

Sont révoqués de leurs fonctions.

XII.

Gouvernement provisoire.

BOUCHERIE DE PARIS.

Les bouchers de Paris sont requis de mettre à la disposition des chefs de poste de la garde nationale, dans la proportion qui sera convenue entre eux et les chefs de poste de chaque quartier, et en échange de bons de paiement qui leur seront remboursés à l'Hôtel-de-Ville, la viande destinée à la nourriture des citoyens armés.

La distribution en sera faite par lesdits chefs, qui feront accompagner la viande par des hommes sous leurs ordres.

Paris, le 25 février 1848.

Le ministre de l'agriculture et du commerce,

BETHMONT.

XIII.

Le Gouvernement provisoire arrête :

Vingt-quatre bataillons de la garde nationale mobile seront immédiatement recrutés dans la ville de Paris.

L'enrôlement commence dès aujourd'hui à midi, dans les douze mairies d'arrondissement où se trouvera le domicile de chaque citoyen.

Ces gardes nationaux recevront 1 fr. 50 c. par jour, et seront habillés et armés aux frais de la Patrie.

Le ministre de la guerre est chargé de se concerter avec le commandant général des gardes nationaux de la Seine, pour l'organisation, la prompte nstruction et l'armement des susdits bataillons.

Hôtel-de-Ville, le 25 février, sept heures du matin.

Garnier-Pagès,
Maire de Paris.

Lamartine.

Le Gouvernement provisoire, informé que quelques militaires ont déserté et remis leurs armes, donne les ordres les plus sévères dans les départements pour que les militaires qui abandonnent ainsi leur corps soient arrêtés et punis selon la rigueur des lois.

Jamais le pays n'eut plus besoin de son armée pour assurer au dehors son indépendance et au dedans sa liberté. Le Gouvernement provisoire, avant de faire appel aux lois, fait appel au patriotisme de l'armée.

Paris, le 25 février.

Pour le Gouvernement provisoire,
A. LAMARTINE et CRÉMIEUX.

Citoyens !

Le Gouvernement provisoire déclare que le Gouvernement actuel est le Gouvernement républicain, et que la Nation sera appelée immédiatement à ratifier par son vote la résolution du Gouvernement provisoire et du peuple de Paris.

(Suivent les signatures des membres du Gouvernement provisoire).

XIV.

République Française.

ARRÊTÉ DU GOUVERNEMENT PROVISOIRE.

Le Gouvernement provisoire arrête :

La garde municipale est licenciée. Le ministre

de la guerre est chargé de l'exécution de cette mesure.

Paris, 25 février 1848.

(Suivent les signatures des membres du Gouvernement provisoire).

XV.

République Française.

Le Gouvernement provisoire décrète :

Les enfants des citoyens morts en combattant sont adoptés par la patrie.

La République se charge de tous les secours à donner aux blessés et aux familles des victimes du Gouvernement monarchique.

Paris, le 26 février 1848.

(Suivent les signatures des membres du Gouvernement provisoire).

XVI.

République Française.

LIBERTÉ, ÉGALITÉ, FRATERNITÉ.

Le Gouvernement provisoire décrète l'établissement immédiat d'ateliers nationaux.

Le ministre des travaux publics est chargé de l'exécution du présent décret.

Les membres du Gouvernement provisoire.

Paris, le 26 février 1848.

XVII.

République Française.

LIBERTÉ, ÉGALITÉ, FRATERNITÉ.

Au nom de la patrie, le Gouvernement provisoire de la République témoigne hautement sa reconnaissance aux élèves de l'École polytechnique et des autres Écoles, dont l'admirable dévouement ne s'est pas un instant démenti.

(Suivent les signatures des membres du Gouvernement provisoire.)

Enfin, un nombre considérable d'ordonnances, arrêtés et décrets émanés, soit des membres réunis, soit de l'un d'eux en particulier, et chacun en ce qui le concerne, lesquels portent principalement sur des mesures à prendre pour assurer l'ordre et la sécurité publics.

Toutes ces ordonnances, rendues précipitamment et dans l'espace de trois jours, sont néanmoins empreintes d'un cachet de sagesse et d'àpropos, qui indique des hommes connaissant profondément le cœur humain, et la manière de concilier l'intérêt du gouvernement avec le bonheur de la masse des citoyens, et surtout de ceux dont le courage a été la première cause de la victoire remportée par le peuple sur la tyrannie qui, depuis trop longtemps, le tenait comprimé.

Gloire donc à ces hommes de bien, à ces bons citoyens, et efforçons-nous, en leur prêtant notre concours le plus dévoué, d'alléger un peu la rude et pénible tâche qu'ils se sont imposée!!

A BÉRANGER.

Oh ! poète immortel, aujourd'hui vers les cieux
Lève ton noble front naguère soucieux !
Reprends ta verve poétique !
L'heure est enfin venue, où recouvrant leurs droits,
Les Français ont chassé le *dernier de leurs rois*
Dans un élan patriotique ! !

Oui, le peuple Français est toujours grand et fort !
En dépit des tyrans, par un sublime effort,
Brisant la trop pesante chaîne
Dont on l'avait chargé, son bras si redouté
A su reconquérir sa vieille liberté
Et sa volonté souveraine !

Un Dieu juste a voulu qu'enfin sur tes vieux ans
Tu visses triompher la cause que tes chants
Ont si noblement défendue !
Va, tu peux maintenant finir en paix tes jours,
La Victoire est à toi... bien à toi... pour toujours !
Tu l'as si long-temps attendue !

AMÉDÉE MARTEAU.

www.ingramcontent.com/pod-product-compliance
Lightning Source LLC
LaVergne TN
LVHW020039170826
845678LV00001B/326

* 9 7 8 2 3 2 9 6 9 4 6 4 1 *